BIOGRAFÍAS DETRÁS DE ESCENA

LO QUE NUNCA SUPISTE SOBRE SELENA GÓMEZ

de Dolores Andral

CAPSTONE PRESS
a capstone imprint

Esta es una biografía no autorizada.

Publicado por Spark, una impresión de Capstone
1710 Roe Crest Drive
North Mankato, Minnesota 56003
capstonepub.com

Publicado originalmente como *What You Never Knew About Selena Gomez,*
copyright 2023 por Capstone.

Los datos de catalogación previos a la publicación se encuentran disponibles en el sitio web de la Biblioteca del Congreso.
ISBN: 9798875260698 (tapa dura)
ISBN: 9798875260643 (tapa blanda)
ISBN: 9798875260650 (PDF libro electrónico)

Resumen: ¿Sabes qué carrera elegiría Selena Gómez si no fuera cantante y actriz? Descubre esto y más cuando abras este libro. Los detalles de gran interés y las fotografías llamativas de su fascinante vida cautivarán a los lectores renuentes y con dificultades, mientras que el texto cuidadosamente nivelado les inspirará confianza.

Créditos editoriales
Editora: Erika L. Shores; Diseñadora: Heidi Thompson; Investigadoras de medios: Jo Miller; Especialista en producción: Tori Abraham

Créditos de imagen
Alamy: BFA, 9, Entertainment Pictures, 8, UPI, 20; Associated Press/Houston Chronicle, Dave Einsel, 5; Getty Images: Amy Sussman, portada, Charley Gallay, 26, Emma McIntyre/AMA2019, 12, Frederick M. Brown, 25, Jason Merritt/TERM, 7, Kevin Winter, 17, Michael Kovac, 22, Mike Coppola, 28, Tasos Katopodis, 29; Shutterstock: B-D-S Piotr Marcinski, 19 (palomitas), Cincila, 16, Denis Makarenko, 4, DFree, 11, domnitsky, 19 (pepinillo), emka angelina, 21, Featureflash Photo Agency, 24, GlobalMaps, 27, inkanya Anankitrojana, 19 (galleta), jaya diudara80, 23, Konrad Mustert, 19 (tenedor), Marie Sonmez Photography, 18, Mike Flippo, 10, Pixel-Shot, 13, Randy Miramontez, 15, SpicyTruffel, 14

Printed and bound in China. PO 6459

TABLA DE CONTENIDO

Las palabras en **negrita** están en el glosario.

La importancia que tiene un NOMBRE

¿Te imaginas a Selena Gómez con otro nombre? Casi se llamaba Priscilla. Pero una de sus primas se llamó así primero. En cambio, a Selena le pusieron el nombre de Selena Quintanilla. Era conocida como la reina de la **música tejana**.

Selena Quintanilla

¡Muéstrennos lo que saben, SELENATORS!

1. ¿Cuántos perros rescatados por Selena puedes nombrar?

2. ¿Cómo se llamaba la primera banda de Selena?

3. ¿En qué lugar extraño Selena conoció a un fan?

4. ¿Cuántos álbumes en español ha grabado Selena?

5. ¿Qué dice Selena a veces cuando está sorprendida?

Selena Gómez & The Scene

1. Daisy, Winnie, Baylor, Wallace, Fina, Chip, Willie, Chazz

2. Selena Gómez & The Scene **3.** Un baño

4. Un álbum en español **5.** ""Oh, My Lanta!" (¡dios mío!)

Las habilidades de SELENA

La gente sabe que Selena es una gran cantante. Pero también es actriz. Es la voz de Mavis en las películas de Hotel Transylvania. A Selena no siempre le ha gustado su voz. Dijo que pensaba que era demasiado baja.

HECHO

Selena protagoniza junto a Martin Short y Steve Martin la serie de televisión Only Murders in the Building (Solo asesinatos en el edificio).

¿A qué se dedicaría Selena si no fuera cantante y actriz? ¡Quizás chef! Presenta una serie de televisión llamada Selena + Chef. Selena aprende a preparar comida de todo el mundo.

La música de SELENA

Selena ha grabado siete álbumes. Ha vendido más de 6 millones de álbumes. Sus canciones han alcanzado los 40 millones de descargas y tonos de llamada. Sus canciones y videos han sido reproducidos en **streaming** miles de millones de veces.

HECHO

Selena bebe aceite de oliva para proteger su voz.

En 2021, salió el álbum Revelación de Selena. Es su primer álbum en español. Dice que le resulta más fácil cantar en español que hablarlo.

Revelación fue nominado a Mejor Álbum Pop Latino en los **Grammys**. Es la primera vez que la música de Selena recibe este honor.

"Siempre es un poco estresante antes de lanzar cualquier música porque, como artistas, exponemos mucho de nosotros mismos".

—Selena Gómez (Billboard, marzo de 2021)

Selena grabó dos videos musicales usando iPhones. En un video, "Lose You to Love Me", usó un iPhone. En otro video, "Look at Her Now", usó alrededor de 20 iPhones. Los abuelos de Selena estuvieron en el set del video con ella. ¡Se llevaron iPhones a casa como regalo!

¿LO intentarías?

A veces Selena come galletas Oreo con un tenedor. ¿Por qué? Dice que es más fácil mojarlas en leche. También le gusta mojar sus palomitas en jugo de pepinillos. ¿Su otro bocadillo favorito? Fritos cubiertos de queso derretido, chile y cebollas. ¡Qué delicia!

OREO

Selena, la hermana MAYOR

Selena y su hermana Gracie

A los 20 años, Selena se convirtió en hermana mayor. Le encanta. Se considera un modelo a seguir. Tiene dos hermanas. Llevó a una de ellas al **estreno** de Frozen II. Ambas se vistieron como princesas de hielo. ¡Brr!

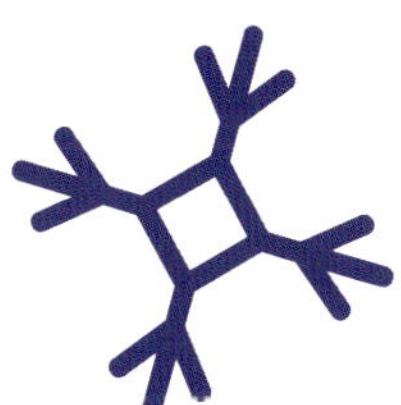

Mejores amigas para TODA LA VIDA

Selena y Francia

Selena tiene muchas amigas muy buenas. ¡Una de ellas le salvó la vida! Selena tiene una enfermedad llamada **lupus**. Le dañó los riñones. Su mejor amiga Francia Raisa le regaló uno de los suyos a Selena.

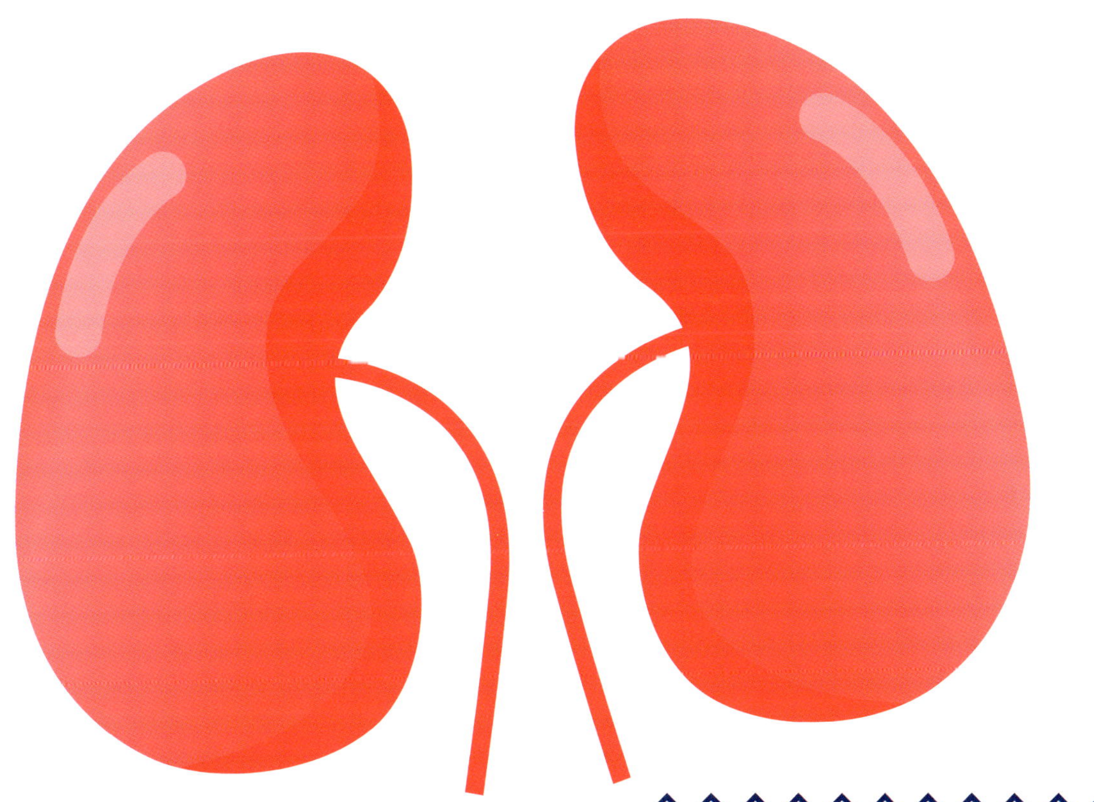

Otra de las mejores amigas de Selena la llama Rosebud, o sea, capullo de rosa. Cara Delevingne y Selena se tatuaron con capullos de rosa a juego. Selena tiene al menos 15 tatuajes. Muchos tienen significados especiales.

Selena y Cara

Selena tiene la palabra sunshine (luz de sol) tatuada en su pie derecho.

HECHO

Selena fue la primera persona en alcanzar los 100 millones de seguidores en Instagram.

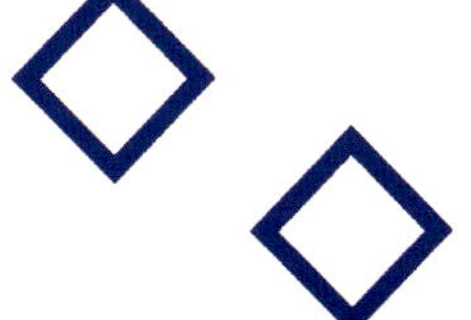

¡ALZANDO la voz!

Selena usa su música para decir lo que piensa. Ayuda a otras personas a expresarse al contar sus historias. Ayudó a crear la serie de televisión Living Undocumented (Viviendo indocumentado).

El programa de Selena sigue a familias que intentan convertirse en **ciudadanos** estadounidenses. Dos de los abuelos de Selena vinieron de México. Les llevó muchos años llegar a ser ciudadanos.

Selena tiene una marca de belleza llamada Rare Beauty (belleza excepcional). Quiere que las personas se sientan bien con su apariencia. También quiere llamar la atención sobre la **salud mental**. Espera recaudar 100 millones de dólares a través de su marca. El uno por ciento de las ventas se destina a apoyar los servicios de salud mental.

"Descubrir cómo manejar mi propia salud mental no siempre ha sido fácil, pero es algo en lo que trabajo constantemente. Espero poder ayudar a otros a trabajar en eso también".

—Selena Gómez (Change.org, 2021)

Glosario

ciudadano (ciu-da-DA-no)—una persona que es miembro de un país ya sea por haber nacido allí o por haber sido declarada miembro por ley

estreno (es-TRE-no)—la primera presentación pública de una película o una obra de teatro

Grammys (GRA-mis)— una entrega de premios para la industria musical

lupus (LU-pus)—una enfermedad en la que el sistema inmunológico del cuerpo se ataca a sí mismo; puede provocar problemas de piel, pulmones y hígado

música tejana (te-JA-na)—un estilo de música mexicano-estadounidense que combina la música estadounidense con la música tradicional mexicana

perros rescatados (PE-rros res-ca-TA-dos)—perros que no tenían hogar

salud mental (Sa-LUD men-TAL)—el estado de la mente y las emociones de una persona

streaming (Tes-TRE-min)—enviar o recibir datos como música y videos a través de Internet

Acerca de la autora

Dolores Andral obtuvo una maestría en bellas artes de la Queens University en Charlotte, Carolina del Norte. Le encanta escribir para niños porque cree que los niños deberían verse reflejados en los libros que leen. Vive con su esposo y sus cuatro hijos en el estado de Washington.

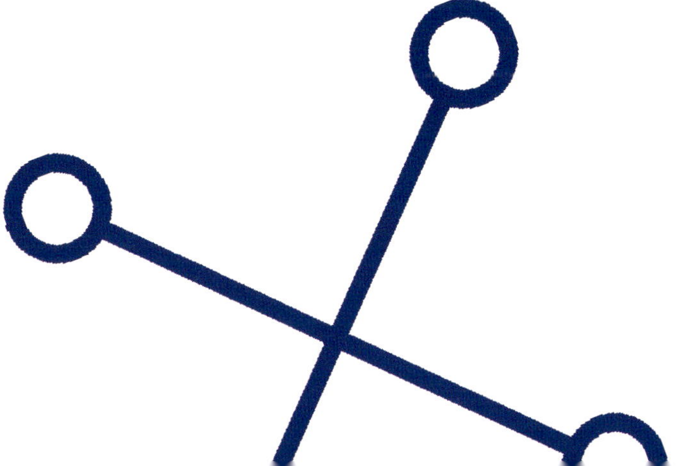

Índice